Graine de Calcaire

Texte et illustrations de PEF

MILAN
jeunesse

À ce moment-là de sa longue histoire, la Terre est une boule hurlante et fumante, salissant l'espace de la fumée de ses sept cent soixante mille volcans.

Ces volcans vomissent des bombes
sifflantes et puantes, sortes d'œufs pourris
empoisonnés et chauffés au rouge.

Les océans sont de grands crachats sombres et fous furieux.
Leurs vagues aplatissent les poissons et les coquillages contre les falaises, où ils restent collés par l'écume baveuse et salée.
Partout à la fois, il y a un sale orage, le matin, et un encore plus sale l'après-midi.
Les éclairs transpercent la Terre, ressortent de l'autre côté, remontent dans les nuages, redescendent, et ainsi de suite.

D’énormes papillons miteux avalent vivants des mouches de trois kilos ou des serpents-spaghettis longs de deux kilomètres et demi.

Dans ce monde infernal, serrés les uns contre les autres, les gens de cette époque font preuve d'un grand courage pour survivre à tous les dangers de cette sauvagerie de malheur.

COMPTE-MOI
LES POILS :
SI Y EN A QUE DEUX,
T'ES UN MONSIEUR !
COMPTE-MOI
LES DENTS :
SI Y EN A AUTANT
TU SERAS
MAMAN !

– On n'a plus rien dans le grottongélateur, râle soudain Dent-de-Renne, une vieille qui, justement, n'a plus de dents.
– Comment ça, plus rien ! gronde Keudours, le chef, toujours étonné dès qu'on parle de manger. Il reste bien un peu de mammouth ?
– Pas une miette. Qu'est-ce que tu crois ? fait Dent-de-Renne, on mange !
– Raaaaah ! grogne Keudours, tu nous dis ça maintenant que les grosses bébêtes roupillent au fond de la forêt. Je ne peux pas tout faire, moi ! Garder le feu, chasser, recevoir les autres chefs, pfouuuuuu !

– Alors, on va tirer au sort celui ou celle qui ira aux commissions ! décide Dent-de-Renne.
Et le sort tombe sur Graine-de-Calcaire, qui, du coup, a bien du mal à s'endormir.

Le lendemain, Graine-de-Calcaire se peigne soigneusement avec les doigts.
Puis, comme d'habitude, les anciens arrivent avec leurs conseils.

– Tu nous rapporteras un mammouth bouclé, c'est plus doux sous les pieds dans la grotte !
– On en a déjà quinze, des tapis bouclés, ça en fera seize à trimballer quand on déménagera ! hurle Keudours.
Et Graine-de-Calcaire se met en route. Elle croque des papillons tout frais. Quand elle trouve des vers de terre, elle les cache dans sa fourrure pour les rapporter à son petit frère qui aime jouer avec.

Naturellement, elle tombe sur Trompe-la-Mort, le plus terrible des mammouths. On l'appelle aussi Tire-Bouchon, à cause des mouvements compliqués qu'il peut faire avec sa trompe élastique.

– Salut, salut ! fait poliment Graine-de-Calcaire.

– Zalut ! répond Trompe-la-Mort, légèrement enrhumé. Tu t'amuses ?

– Pas vraiment, je dois creuser un piège.

– Un piège à quoi ? demande Trompe-la-Mort.

– Un piège à mammouth !

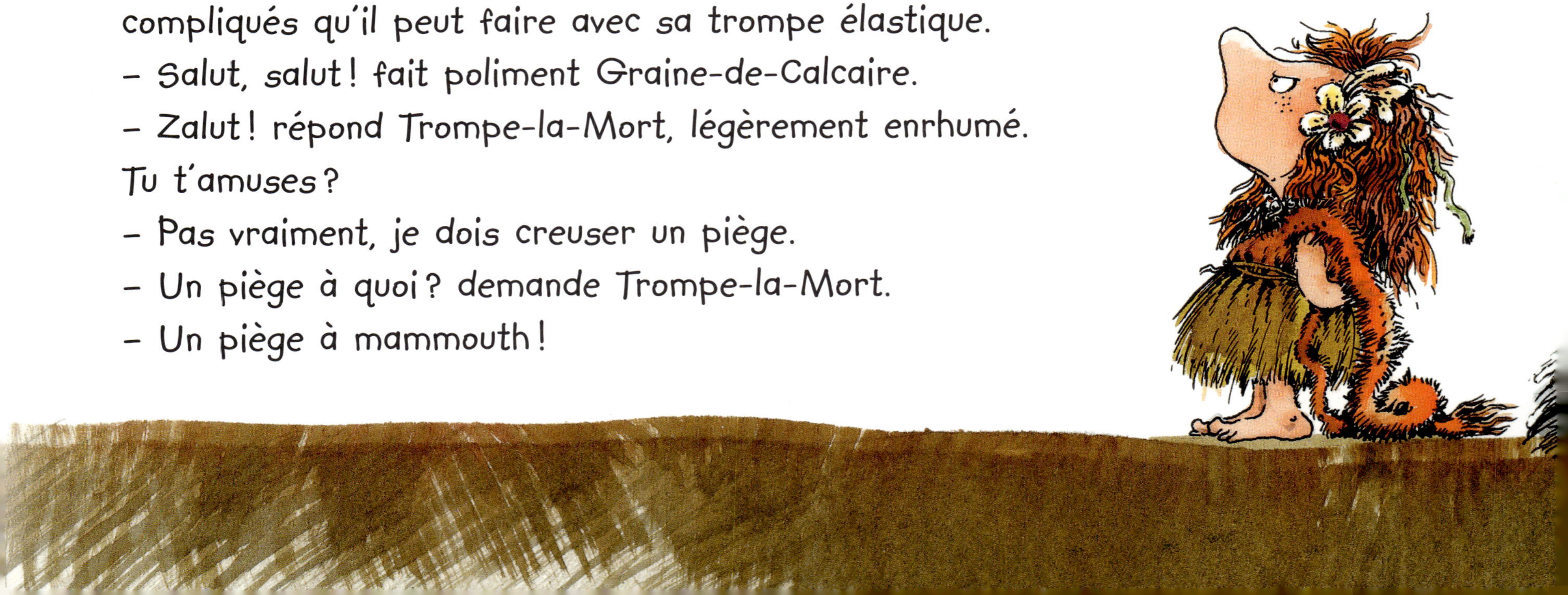

Et Graine-de-Calcaire fait un petit trou, profond comme la main.
– Essaie-le ! dit-elle.

– Ha, ha ! Je ne peux bême pas y bettre le bout de ma trompe, rigole Trompe-la-Mort.

– Ce n'est pas un bon trou, d'accord, reconnaît Graine-de-Calcaire, je vais en faire un plus grand, plus loin.
Tu m'accompagnes ?
– Ok, bâille Trompe-la-Mort.

– Ah, ce coup-ci, ça barche, regarde, il est juste à ma pointure, se moque le mammouth. Mais comme piège, c'est un peu jeunot. Atch !
– Je n'ai pas le compas dans l'œil, admet Graine-de-Calcaire, allons plus loin creuser un autre trou.

– Ça va déjà bieux, note Trompe-la-Mort, je peux y bettre les deux pattes arrière.

– Super, je fais des progrès, se félicite Graine-de-Calcaire, filons vite plus loin faire un nouveau trou.

Et, de trou en trou, le piège se perfectionne.
Au treizième trou, Graine-de-Calcaire a un peu mal aux reins.

– Il b'a l'air au point, annonce Trompe-la-Mort, je vais l'essayer bais je ne te promets rien.

Et le terrible mammouth s'enfile dans le trou.

– Alors ? demande Graine-de-Calcaire.
– Au poil ! crie Trompe-la-Mort. Je ne peux bême plus sortir. Atch !
– Ha, ha ! J'ai gagné les doigts dans le nez ! Tu as perdu, les doigts dans le zébu.
– Viens ici que je te tire-bouchonne ! hurle maintenant Trompe-la-Mort ! J'étais d'accord seulement pour essayer le piège, pas pour de vrai, ok ?
Mais Graine-de-Calcaire est déjà loin, elle est même arrivée à la grotte.
– J'en ai eu un, nananère, j'en ai eu un !
– Lequel ?
– Trompe-la-Mort, mais je ne sais pas s'il sera bon à manger tellement il est enrhumé !

Keudours siffle entre ses doigts, chacun prend son arme et tout le monde suit Graine-de-Calcaire, qui raconte fièrement son histoire.

La horde parvient au premier trou. Dedans, il y a une souris prisonnière !

– Chic ! dit Graine-de-Calcaire. On la prend pour les brochettes de midi ?

– Pas la peine de se charger maintenant, fait Keudours. On la prendra au retour.

Chacun des trous suivants
réserve lui aussi une surprise !

Mais au trou n° 13,
zut alors, plus
de mammouth !

Graine-de-Calcaire
se fait drôlement
gronder, mais elle crie :

– Regardez! Trompe-la-Mort a encore plus creusé que moi; il a même fait un tunnel! Et toute la horde s'enfonce dans ce tunnel, et ce tunnel passe sous les autres trous, et Graine-de-Calcaire continue à recevoir une sacrée engueulade car tous les trous sont vides.

Au bout du tunnel, il y a de la lumière.
Graine-de-Calcaire court, court
pour arriver la première.
Elle jure tout bas :

– Tonnerre du matin,
coup de poing !
Tonnerre du soir,
dans la poire !

Et quand elle sort enfin du tunnel, la voilà bien étonnée :
tous les animaux sont là, pleins de la poussière de tous les trous,
à rigoler comme des chameaux, à se frotter contre la paroi
d'une grotte. Une grotte ? Quelle grotte ?
Celle de Graine-de-Calcaire !

C'est Trompe-la-Mort qui leur fait la toilette.
– Au suivant ! Dépêche-toi, l'hippopotabe !

Et l'hippopotame se colle contre le mur. Bzzzzzz !
Trompe-la-Mort souffle, et toute la poussière s'envole et reste collée sur la paroi, dessinant la silhouette de l'hippopotame.

– Ça alors, murmure Graine-de-Calcaire qui s'est cachée dans un petit coin. Ils sont drôlement jolis, ces dessins.

– Au suivant ! Au suivant ! hurle Trompe-la-Mort. Dépêchons-nous ! Les chasseurs ne vont pas tarder à arriver !
Graine-de-Calcaire les voit finir leur toilette et s'en aller.

Maintenant la grotte est toute décorée de silhouettes d'animaux et la tribu est arrivée à son tour.

– Ce n'est pas ça qui va nous donner à manger, se désole Keudours en regardant les murs.

– Peut-être, mais la grotte a pris de la valeur, estime Graine-de-Calcaire. On la revendra plus cher quand on déménagera. Et puis, c'est pas compliqué, leur truc ; moi aussi, je peux le faire !
Elle enduit sa main de poussière, l'applique sur la paroi de la grotte et y laisse son empreinte.

Plus loin, elle projette, en soufflant, un peu de poussière colorée tout autour de ses doigts. Alors, à côté de toutes les silhouettes des animaux, une main apparaît sur la paroi.
Qui sait aujourd'hui que c'est celle de Graine-de-Calcaire ?